Impressum
Verlag: BABADADA GmbH, Nedderfeld 112 , 22529 Hamburg
Geschäftsführer / Verlagsleitung: Harald Hof
Druck: Books on Demand GmbH, In de Tarpen 42, 22848 Norderstedt

Imprint
Publisher: BABADADA GmbH, Nedderfeld 112 , 22529 Hamburg, Germany
Managing Director / Publishing direction: Harald Hof
Print: Books on Demand GmbH, In de Tarpen 42, 22848 Norderstedt, Germany

სკოლა

escola

საკლასო ოთახი
sala de aulas
გაყოფა
dividir
186/2
დაფა
quadro
მასწავლებელი
professor
სკოლის ეზო
pátio da escola
ქაღალდი
papel
წერა
escrever
კალამი
caneta
მაგიდა
secretária
სახაზავი
régua
წიგნი
livro
მოსწავლე
aluno

ზურგჩანთა

mochila

პენალი

estojo de lápis

ფანქარი

lápis

ფანქრების სათლელი

afia-lápis

საშლელი

borracha

ნახატების ალბომი

bloco de desenho

ნახატი

desenho

ფუნჯი

pincel

საღებავის ყუთი

caixa de tintas

მაკრატელი

tesoura

წებო

cola

სავარჯიშო რვეული

livro de exercícios

საშინაო დავალება

trabalhos de casa

12

ნომერი

número

2+2

დამატება

somar

5-2

გამოკლება

subtrair

2×2

გამრავლება

multiplicar

გამოთვლა

calcular

A

წერილი

letra

ABCDEFG
HIJKLMN
OPQRSTU
VWXYZ

ანბანი

alfabeto

hello

სიტყვა

palavra

ტექსტი

texto

წაკითხვა

ler

ცარცი

giz

გაკვეთილი

hora

რეგისტრაცია

registo de presenças

გამოცდა

exame

სერტიფიკატი

certificado

სკოლის ფორმა

uniforme escolar

განათლება

educação

ენციკლოპედია

enciclopédia

უნივერსიტეტი

universidade

მიკროსკოპი

microscópio

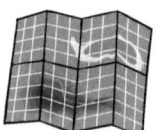

რუქა

mapa

კალათა ნარჩენი ქაღალდებისათვის

cesto de lixo

მოგზაურობა
viagem

სასტუმრო
hotel
Grand
ჰოსტელი
hostel
ROOMS
ვალუტის გადაცვლის პუნქტი
casa de câmbio
ჩემოდანი
mala
მანქანა
carro

ენა
idioma

კი / არა
sim / não

კარგი
ok / certo / correto

გამარჯობა
olá

მთარგმნელი
intérprete

გმადლობთ
obrigado

რა ღირს... ?

quanto é que custa... ?

ვერ გავიგე

não entendo

პრობლემა

problema

ალამო მშვიდობისა!

boa noite!

დილა მშვიდობისა!

Bom dia!

ღამე მშვიდობისა!

Boa noite!

ნახვამდის

adeus

მიმართულება

direção

ბარგი

bagagem

ჩანთა

saco

ზურგჩანთა

mochila

სტუმარი

convidado

ოთახი

quarto

საძილე ტომარა

saco-cama

კარავი

tenda

ტურისტული ინფორმაცია

informação turística

სანაპირო

praia

საკრედიტო ბარათი

cartão de crédito

საუზმე

pequeno-almoço

ლანჩი

almoço

ვახშამი

jantar

ბილეთი

bilhete

ლიფტი

elevador

საფოსტო მარკა

selo postal

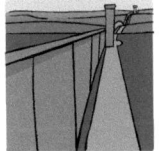

საზღვარი

fronteira

საბაჟო

alfândega

საელჩო

embaixada

ვიზა

visto

პასპორტი

passaporte

მოგზაურობა - viagem

ტრანსპორტი

transporte

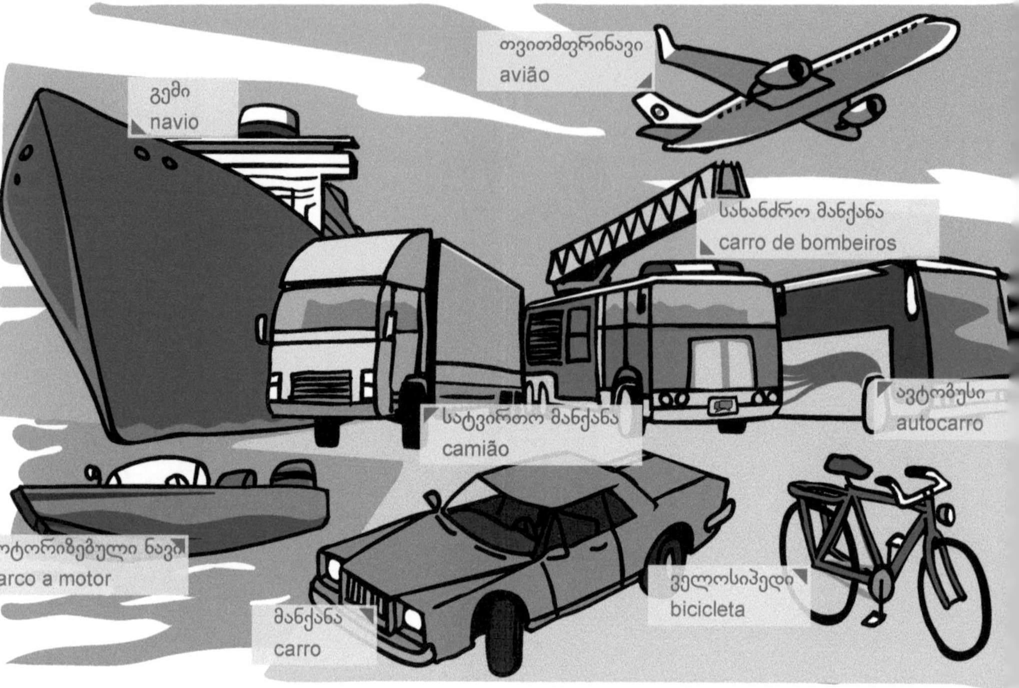

თვითმფრინავი
avião
გემი
navio
სახანძრო მანქანა
carro de bombeiros
ავტობუსი
autocarro
სატვირთო მანქანა
camião
მოტორიზებული ნავი
barco a motor
მანქანა
carro
ველოსიპედი
bicicleta

ბორანი

cacilheiro

ნავი

barco

მოტოციკლი

mota

პოლიციის მანქანა

carro de polícia

სარბოლო მანქანა

carro de corrida

დაქირავებული მანქანა

carro alugado

მანქანის ერთობლივი მოხმარება

carsharing

საბუქსირე მანქანა

camião de reboque

ნაგვის მანქანა

camião do lixo

ძრავა

motor

საწვავი

combustível

ბენზინგასამართი სადგური

estação de serviço

საგზაო ნიშანი

sinal de trânsito

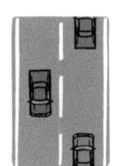

მოძრაობა

trânsito

საცობი

congestionamento de trânsito

მანქანის სადგომი

arque de estacionamento

მატარებლის სადგური

estação ferroviária

ლიანდაგები

carris

მატარებელი

comboio

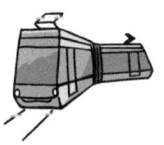

ტრამვაი

elétrico

ვაგონი

carruagem

ვერტმფრენი

helicóptero

აეროპორტი

aeroporto

კოშკი

torre

მგზავრი

passageiro

კონტეინერი

contentor

მუყაოს ყუთი

caixa de papelão

ურიკა

carrinho

კალათა

cesto

აფრენა / დაშვება

levantar voo / aterrar

ქალაქი

cidade

სოფელი

aldeia

ქალაქის ცენტრი

centro da cidade

სახლი

casa

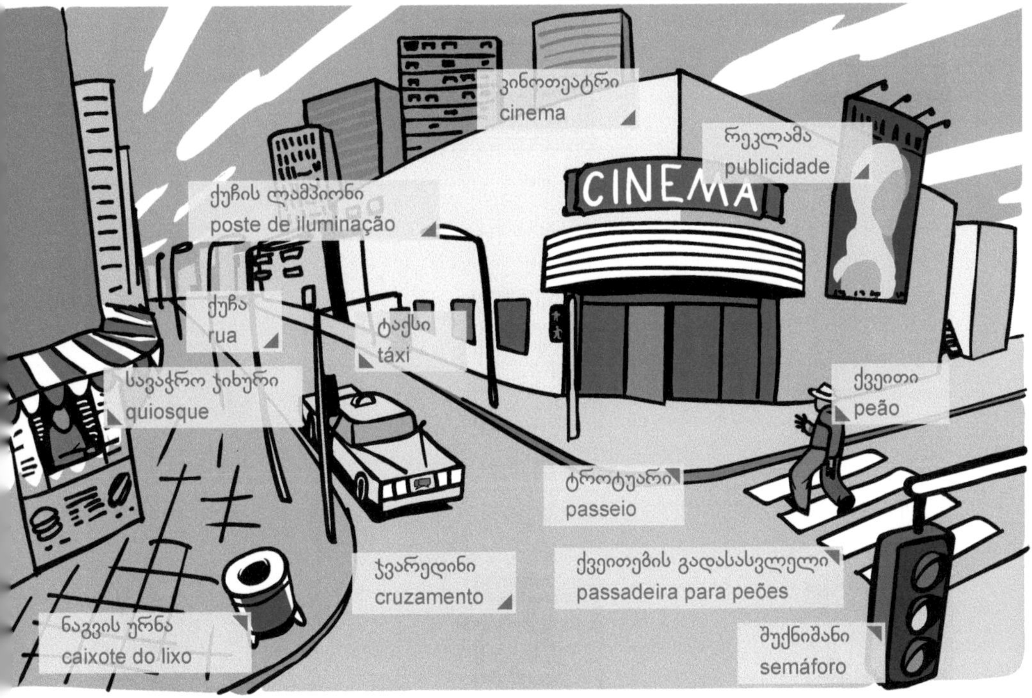

CINEMA
კინოთეატრი
cinema
რეკლამა
publicidade
ქუჩის ლამპიონი
poste de iluminação
ქუჩა
rua
ტაქსი
táxi
სავაჭრო ჯიხური
quiosque
ქვეითი
peão
ტროტუარი
passeio
ჯვარედინი
cruzamento
ქვეითების გადასასვლელი
passadeira para peões
ნაგვის ურნა
caixote do lixo
შუქნიშანი
semáforo

ქოხი

cabana

ბინა

apartamento

მატარებლის სადგური

estação ferroviária

მუნიციპალიტეტი

câmara municipal

მუზეუმი

museu

სკოლა

escola

უნივერსიტეტი

universidade

ბანკი

banco

საავადმყოფო

hospital

სასტუმრო

hotel

აფთიაქი

farmácia

ოფისი

escritório

წიგნების მაღაზია

livraria

მაღაზია

loja

ფლორისტი

florista

სუპერმარკეტი

supermercado

ბაზარი

mercado

მაღაზიის განყოფილება

loja de departamentos

თევზის გამყიდველი

peixaria

სავაჭრო ცენტრი

centro comercial

ნავსადგომი

porto

პარკი
parque

გრძელი სკამი
banco

ხიდი
ponte

კიბეები
escadas

მიწისქვეშა გადასასვლელი
metro

გვირაბი
túnel

ავტობუსის გაჩერება
paragem de autocarro

ბარი
bar

რესტორანი
restaurante

საფოსტო ყუთი
caixa de correio

ქუჩის ნიშანი
sinal de trânsito

პარკინგის საზომი
parquímetro

ზოოპარკი
jardim zoológico

საცურაო აუზი
piscina

მეჩეთი
mesquita

ფერმა

quinta

გარემოს დაბინძურება

poluição

სასაფლაო

cemitério

ეკლესია

igreja

საბავშვო მოედანი

parque infantil

ტაძარი

templo

ლანდშაფტი

paisagem

ფოთოლი
folha

გზის მანიშნებელი ნიშანი
placa de sinalização

გზა
caminho

მდელო
prado

ქვა
pedra

ხე
árvore

მოგზაური
caminhantes

მდინარე
rio

ბალახი
relva

ყვავილი
flor

ხეობა
vale

გორაკი
montanha

ტბა
lago

ტყე
floresta

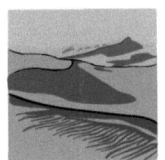

უდაბნო
deserto

ვულკანი
vulcão

ციხე
castelo

ცისარტყელა
arco-íris

სოკო
cogumelo

პალმა
palma

კოღო
mosquito

ბუზი
mosca

ჭიანჭველა
formiga

ფუტკარი
abelha

ობობა
aranha

ხოჭო

besouro

ბაყაყი

sapo

ციყვი

esquilo

ზღარბი

ouriço

კურდღელი

lebre

ბუ

coruja

ფრინველი

pássaro

გედი

cisne

ტახი

javali

ირემი

veado

ცხენ-ირემი

alce

კაშხალი

barragem

ქარის ტურბინა

turbina eólica

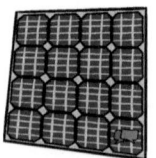

მზის ბატარეა

painel solar

კლიმატი

clima

რესტორანი
restaurante

მიმტანი
empregado de mesa
მენიუ
menu
სკამი
cadeira
სუპი
sopa
პიცა
pizza
მაგიდაზე გადასაფარებელი
toalha de mesa
დანა-ჩანგალი
talheres

საუზმე

entrada

მთავარი კერძი

prato principal

დესერტი

sobremesa

დასალევი

bebidas

საჭმელი

comida

ბოთლი

garrafa

სწრაფი კვება

fast food

ქუჩის საჭმელი

comida de rua

ჩაიდანი

bule de chá

საშაქრე

açucareiro

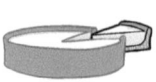

პორცია

porção

ესპრესოს მანქანა

máquina de café expresso

მაღალი სკამი

cadeira alta

ანგარიში

conta

ლანგარი

bandeja

დანა

faca

ჩანგალი

garfo

კოვზი

colher

ჩაის კოვზი

colher de chá

ხელსახოცი

guardanapo

ჭიქა

copo

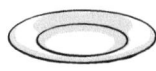

თეფში
prato

სუპის თეფში
prato de sopa

ჩაის ლამბაქი
pires

საწებელი
molho

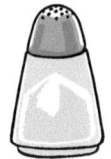

სამარილე
saleiro

წიწაკის საფქვავი
moinho de pimenta

ძმარი
vinagre

ზეთი
óleo

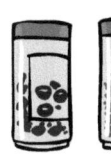

სანელებლები
especiarias

კეტჩუპი
ketchup

მდოგვი
mostarda

მაიონეზი
maionese

სუპერმარკეტი
supermercado

სპეციალური შეთავაზება
oferta especial
მომხმარებელი
cliente
რძის ნაწარმი
laticínios
ხილი
fruta
ურიკა
carrinho de compras

საყასბო

talho

საცხობი

padaria

აწონვა

pesar

ბოსტნეული

vegetais

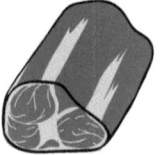

ხორცი

carne

გაყინული საკვები

alimentos congelados

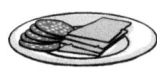

გრილი ხორცი
charcutaria

კონსერვები
comida enlatada

სარეცხი ფხვნილი
detergente em pó

ტკბილეული
doces

საყოფაცხოვრებო
პროდუქტები
artigos domésticos

სარეცხი საშუალებები
produtos de limpeza

გამყიდველი
vendedora

სალარო
caixa

მოლარე
caixa

საყიდლების სია
lista de compras

მუშაობის საათები
horário de funcionamento

პორტმანი
carteira

საკრედიტო ბარათი
cartão de crédito

ჩანთა
saco

პლასტიკური პარკი
saco de plástico

დასალევი

bebidas

წყალი

água

წვენი

sumo

რძე

leite

კოკა-კოლა

coca-cola

ღვინო

vinho

ლუდი

cerveja

ალკოჰოლი

álcool

კაკაო

cacau

ჩაი

chá

ყავა

café

ესპრესო

café expresso

კაპუჩინო

capuccino

საჭმელი
comida

ბანანი

banana

ვაშლი

maçã

ფორთოხალი

laranja

საზამთრო

melão

ლიმონი

limão

სტაფილო

cenoura

ნიორი

alho

ბამბუკი

bambu

ხახვი

cebola

სოკო

cogumelo

კაკალი

nozes

ატრია

talharim

სპაგეტი
....
esparguete

ბრინჯი
....
arroz

სალათი
....
salada

ჩიპსები
....
batatas fritas

შემწვარი კარტოფილი
....
batatas fritas

პიცა
....
pizza

ჰამბურგერი
....
hambúrguer

სენდვიჩი
....
sanduíche

კოტლეტი
....
bife panado

ლორი
....
fiambre

სალიამი
....
salame

ძეხვი
....
salsicha

წიწილა
....
galinha

შემწვარი ხორცი
....
assado

თევზი
....
peixe

შვრიის ფაფა

flocos de aveia

მუსლი

muesli

სიმინდის ფანტელები

flocos de milho

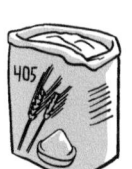

ფქვილი

farinha

კრუასანი

croissant

ბულკი

carcaça (pãozinho)

პური

pão

ტოსტი

torrada

ნამცხვრები

biscoitos

კარაქი

manteiga

ხაჭო

requeijão

ტორტი

bolo

კვერცხი

ovo

ერბო-კვერცხი

ovo estrelado

ყველი

queijo

საჭმელი - comida

ნაყინი
gelado

შაქარი
açúcar

თაფლი
mel

ჯემი
compota

შოკოლადის კრემი
creme de nougat

კარი
caril

ფერმა
quinta

სოფლის სახლი
ჩალის შეკვრა
fardo de palha
თავლა
celeiro
ყანა
campo
ცხენი
cavalo
მისაბმელი
reboque
ტრაქტორი
trator
კვიცი
potro
ვირი
burro
ცხვარი
ovelha
ცხვარი
cordeiro

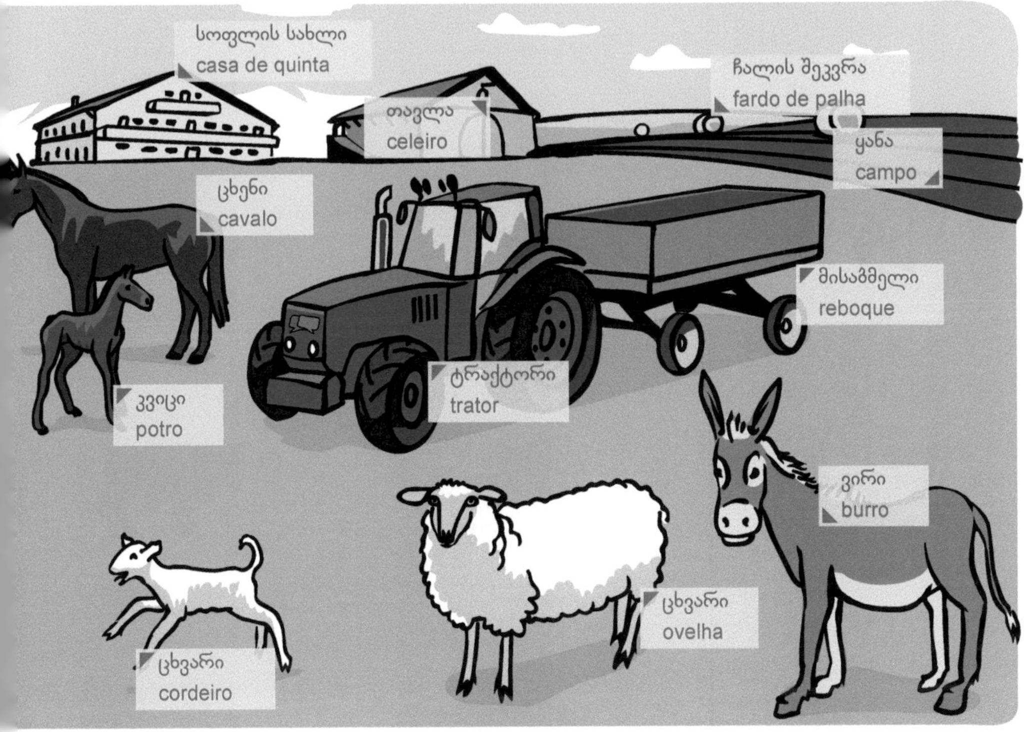

თხა

cabra

ძროხა

vaca

ხბო

bezerro

ღორი

porco

გოჭი

leitão

ხარი

touro

ბატი

ganso

იხვი

pato

წიწილა

pintaínho

ქათამი

galinha

მამალი

galo

ვირთხა

ratazana

კატა

gato

თაგვი

rato

ხარი

boi

ძაღლი

cão

საძაღლე

casota

ბაღის შლანგი

mangueira de jardim

საბაღე წურწურა

regador

ცელი

foice

გუთანი

arado

ნამგალი

foice

თოხი

enxada

პატივის სახვეტი ჩანგალი

forquilha

ცული

machado

მაზიდი

carrinho de mão

გობი

manjedoura

რძის ბიდონი

jarro de leite

ტომარა

saco

ღობე

cerca

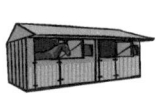

ბოსელი

estábulo

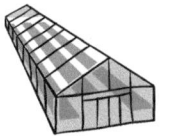

სათბური

estufa

ნიადაგი

solo

თესლი

semente

სასუქი

fertilizante

მოსავლის ამღები კომბაინი

ceifeira-debulhadora

მოსავლის აღება

colher

მოსავალი

colheita

იამი

inhame

ხორბალი

trigo

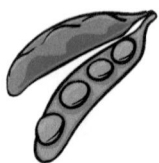

სოიო

soja

კარტოფილი

batata

სიმინდი

milho

სარეველას თესლი

colza

ხეხილი

árvore de fruto

მანიოკი

mandioca

მარცვლეული

cereais

casa

ბუხარი
chaminé
სახურავი
telhado
წყალსადინარი მილი
caleira
ფანჯარა
janela
ავტოფარეხი
garagem
კარის ზარი
campainha da porta
კარი
porta
ნაგვის ყუთი
balde do lixo
საფოსტო ყუთი
caixa de correio
ბაღი
jardim

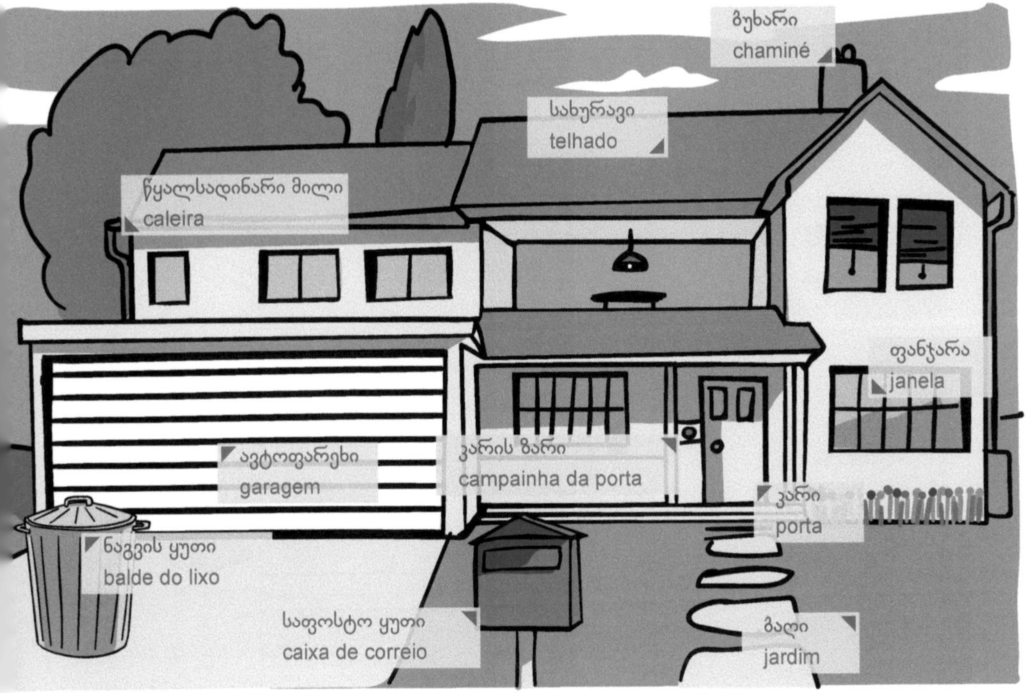

მისაღები ოთახი

sala de estar

აბაზანა

casa de banho

სამზარეულო

cozinha

საძინებელი

quarto de dormir

საბავშვო ოთახი

quarto de criança

სასადილო ოთახი

sala de jantar

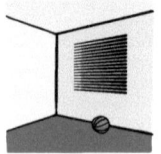

სართული

chão

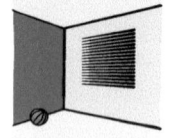

კედელი

parede

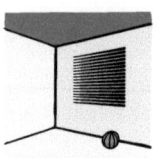

ჭერი

teto

სარდაფი

cave

საუნა

sauna

აივანი

varanda

ტერასა

terraço

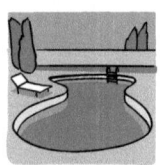

აუზი

piscina

გაზონის საკრეჭი

máquina de cortar relvado

საბნის კონვერტი

lençol

საწოლი

cobertor

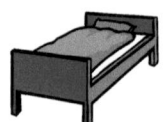

ლოგინი

cama

ცოცხი

vassoura

სათლი

balde

გადამრთველი

interruptor

მისაღები ოთახი

sala de estar

ნახატი
imagem
ნათურა
lâmpada
თარო
prateleira
კარადა
armário
ტელევიზორი
televisão
ბუხარი
lareira
ყვავილი
flor
ბალიში
almofada
დივანი
sofá
ვაზა
vaso
დისტანციური მართვა
controlo remoto

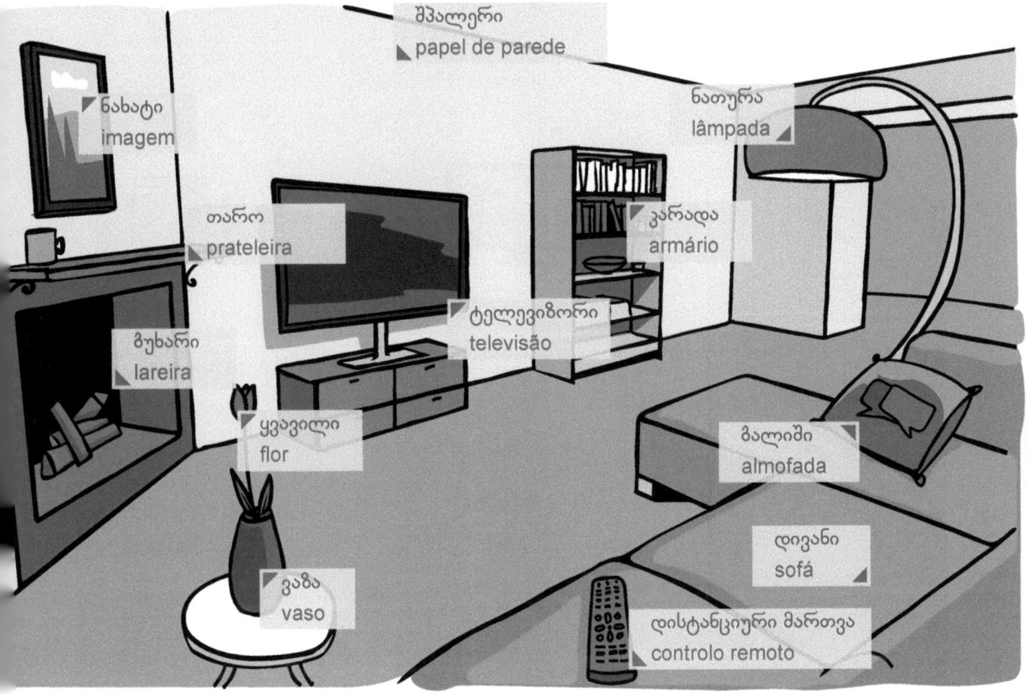

ხალიჩა

tapete

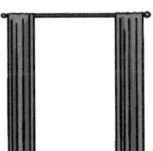

ფარდა

cortina

მაგიდა

mesa

სკამი

cadeira

სარწეველა სკამი

cadeira de baloiço

სავარძელი

poltrona

წიგნი

livro

საბანი

cobertor

დეკორაცია

decoração

შეშა

lenha

ფილმი

filme

hi-fi მოწყობილობები

sistema estéreo

გასაღები

chave

გაზეთი

jornal

ფერწერა

pintura

პლაკატი

póster

რადიო

rádio

ბლოკნოტი

bloco de notas

მტვერსასრუტი

aspirador

კაქტუსი

cato

სანთელი

vela

სამზარეულო

cozinha

მაცივარი
frigorífico
მიკრო-ტალღური
ღუმელი
microondas
სამზარეულოს სასწორი
balança de cozinha
ტოსტერი
torradeira
სარეცხი საშუალება
detergente
ღუმელი
forno
საყინულე
congelador
ნაგვის ყუთი
balde do lixo
ჭურჭლის სარეცხი მანქანა
máquina de lavar louça

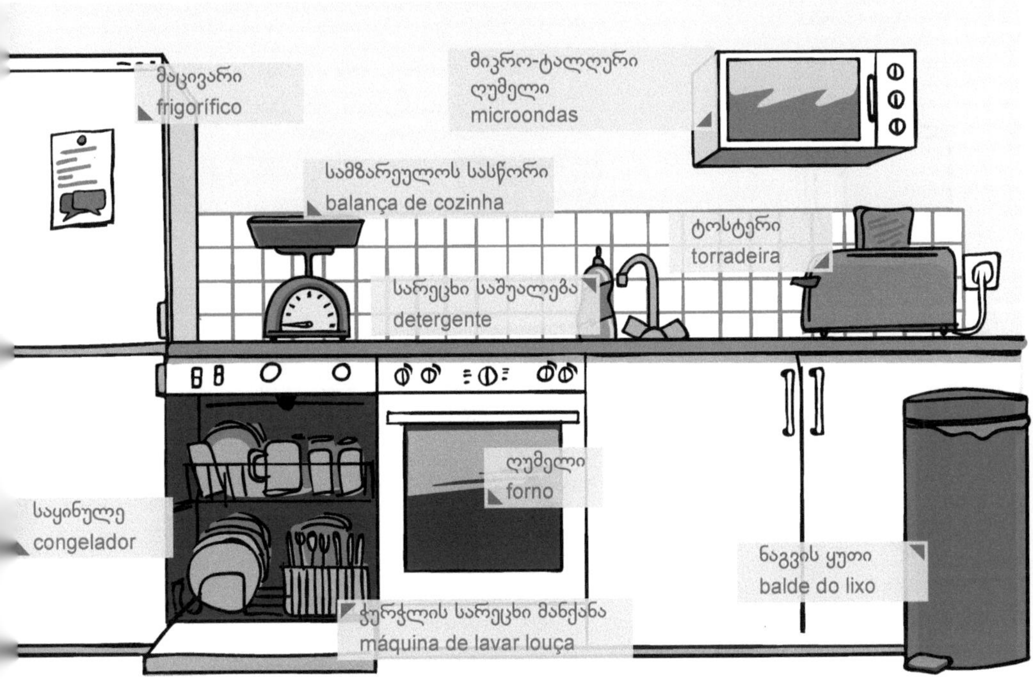

გაზქურა

fogão

ქოთანი

panela

თუჯის ქვაბი

panela de ferro

ტაფა ამობერილი ფსკერით

wok / kadai

ტაფა

frigideira

ჩაიდანი

chaleira

ორთქლსახარში

panela a vapor

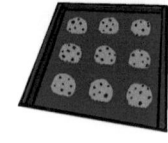

საცხობი ლანგარი

tabuleiro de forno

ჭურჭელი

louça

კათხა

caneca

თასი

tigela

ჩინური ჩხირები

pauzinhos

ჩამჩა

concha de sopa

ფითხი

espátula

სათქვეფელა

batedor de claras

საწური

escorredor

საცერი

peneira

სახეხი

ralador

სანაყი

almofariz

გრილი

churrasqueira

კოცონი

lareira

დაფა

....

tábua de cortar

საგორავი

....

rolo da massa

ბურღი

....

saca-rolhas

ქილა

....

lata

ქილის გასახსნელი

....

abridor de latas

ქოთნის დამჭერი

....

luvas de forno

ნიჟარა

....

lava-loiça

ფუნჯი

....

escova

ღრუბელი

....

esponja

ბლენდერი

....

liquidificador

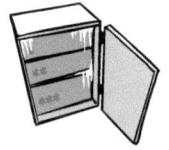

საყინულე კამერა

....

arca frigorífica

საბავშვო ბოთლი

....

biberão

ონკანი

....

torneira

აბაზანა

casa de banho

შხაპი
chuveiro
გათბობა
aquecimento
პირსახოცი
toalha
საშხაპე ფარდა
cortina de chuveiro
ღრუბლიანი აბანო
banho de espuma
ვანა
banheira
copo
სარეცხი მანქანა
máquina de lavar roupa
ონკანი
torneira
ფილები
azulejos
ღამის ქოთანი
penico
ნიჟარა
lava-loiça

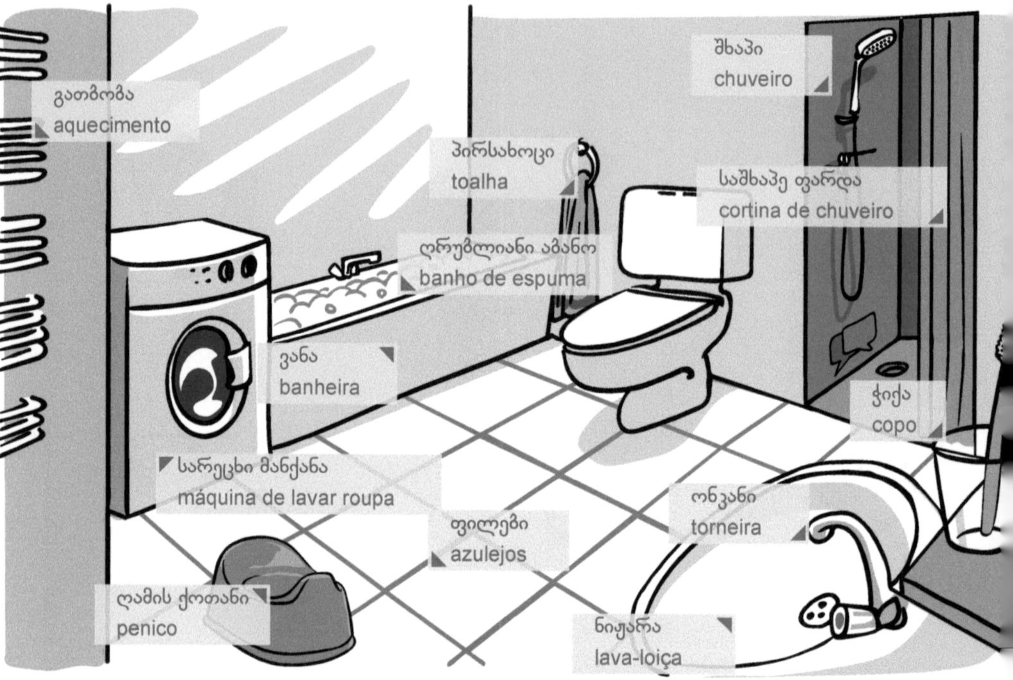

ტუალეტი

sanita

იატაკის ტუალეტი

retrete turca

ბიდე

bidé

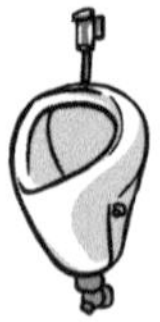

კედლის პისუარი

urinol

ტუალეტის ქაღალდი

papel higiénico

ტუალეტის ჯაგრისი

piaçaba

კბილის ჯაგრისი

escova de dentes

კბილის პასტა

pasta de dentes

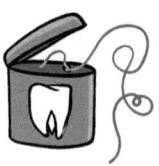

კბილის ძაფი

fio dentário

რეცხვა

lavar

ხელის შხაპი

chuveiro de mão

ინტიმური შხაპი

duche íntimo

ტაშტი

bacia

ზურგის სახეხი ფუნჯი

escova para as costas

საპონი

sabonete

შხაპის გელი

gel de banho

შამპუნი

champô

ნეჭა

toalha de rosto

სანიაღვრე

escoamento

კრემი

creme

დეოდორანტი

desodorizante

სარკე

espelho

ხელის სარკე

espelho de mão

გრიტვა

máquina de barbear

საპარსი ქაფი

creme de barbear

საშუალება გაპარსვის
შემდეგ

loção pós-barba

სავარცხელი

pente

ჯაგრისი

escova

თმის საშრობი

secador de cabelo

თმის ლაქი

spray de cabelo

კოსმეტიკა

maquilhagem

ტუჩების პომადა

batom

ფრჩხილის ლაქი

verniz de unhas

ბამბა

algodão

ფრჩხილის მაკრატელი

tesoura para unhas

სუნამო

perfume

კოსმეტიკის ჩანთა

nécessaire

ტაბურეტი

tamborete

სასწორი

balança

საბაზანო ხალათი

roupão de banho

რეზინის ხელთათმანები

luvas de borracha

ტამპონი

tampão

ანიტარული პირსახოცი

penso higiénico

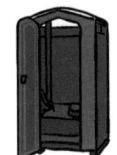

ბიო-ტუალეტი

WC químico

საბავშვო ოთახი

quarto de criança

მაღვიძარა
despertador
რბილი სათამაშო
peluche
სათამაშო მანქანა
carro de brincar
ჩხარუნა სათამაშო
chocalho
თოჯინების სახლი
casa de bonecas
საჩუქარი
presente

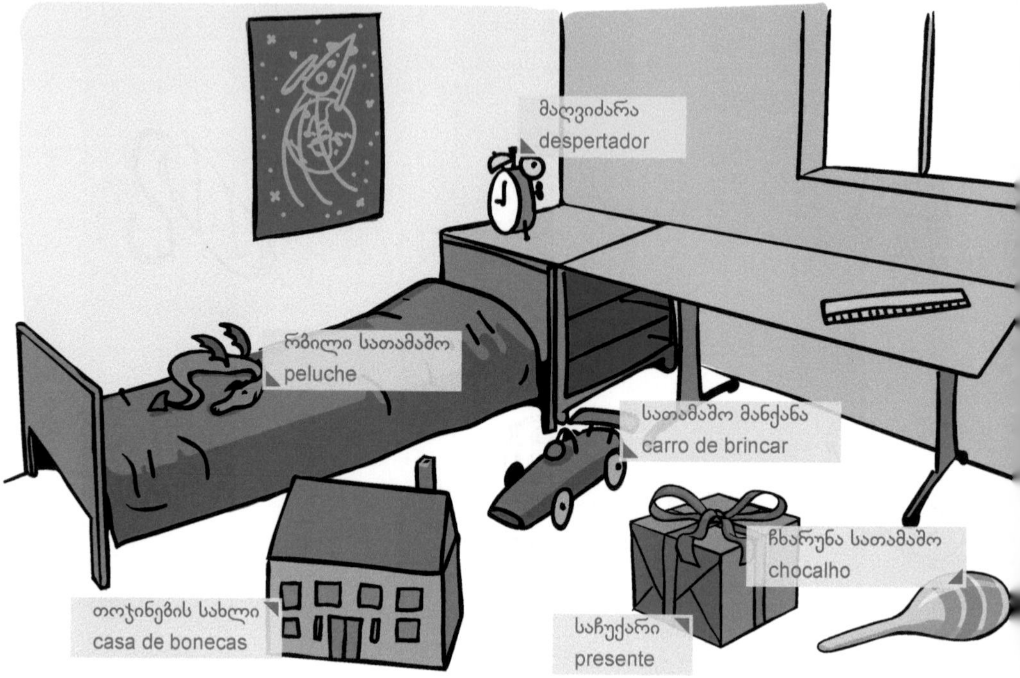

ბუშტი

balão

ლოგინი

cama

საბავშვო ეტლი

carrinho de bebé

კარტის თამაში

jogo de cartas

პაზლი

quebra-cabeças

კომიკსი

banda desenhada

ლეგოს აგურები

peças de Lego

ასაშენებელი კუბიკები

blocos de construção

სათამაშო ფიგურა

figura de ação

საცოცავი

fato de bebé

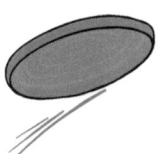

ფრისბი

Frisbee

მობილე

móbile para bebé

სამაგიდო თამაში

jogo de tabuleiro

კამათელი

dados

რკინიგზის მოდელი

pista de comboio elétrico

საწოვარა

chupeta

წვეულება

festa

წიგნი ნახატებით

livro ilustrado

ბურთი

bola

თოჯინა

boneca

თამაში

jogar

საქვიშარი
caixa de areia

საქანელა
baloiço

სათამაშოები
brinquedos

ვიდეო თამაშის კონსოლი
consola de jogos

სამთვლიანი ველოსიპედი
triciclo

დათუნია
ursinho de peluche

გარდერობი
guarda-roupa

ტანსაცმელი
vestuário

წინდები
meias

ჩულქები
meias pelo joelho

კოლგოტები
meias-calças

შარფი
cachecol

ქოლგა
guarda-chuva

მკლავებიანი მაისური
t-shirt

ქამარი
cinto

ბოტასები
sapatilhas

ფეხსაცმელი
botas

ჩუსტები
chinelos

სანდლები

sandálias

ფეხსაცმელი

sapatos

რეზინის ჩექმები

botas de borracha

ტრუსები

cuccas

ბიუსჰალტერი

sutiã

მაისური

camisola interior

სხეული

body

შარვალი

calças

ჯინსი

calças de ganga

ქვედაკაბა

saia

ბლუზი

blusa

პერანგი

camisa

სვიტრი

pulôver

კაპიუშონიანი ჟაკეტი

camisola com capuz

სპორტული ქურთუკი

blazer

ჟაკეტი

casaco

პალტო

manto

საწვიმარი

gabardina

კოსტუმი

traje

კაბა

vestido

საქორწილო კაბა

vestido de casamento

კაცის კოსტიუმი

fato

ღამის პერანგი

camisa de dormir

პიჟამოები

pijama

სარი

sari

თავშალი

lenço de cabeça

ტურბანი

turbante

ჩადრი

burca

ხიფთანი

cafetã

აბაია

abaya

საცურაო კოსტუმი

fato de banho

ჩემოდნები

calções de banho

შორტები

calções

სპორტული კოსტიუმი

fato de treino

წინსაფარი

avental

ხელთათმანები

luvas

ღილი

botão

სათვალეები

óculos

სამაჯური

pulseira

ყელსაბამი

colar

ბეჭედი

anel

საყურე

brinco

კეპი

boné

საკიდი

cabide

ქუდი

chapéu

ჰალსტუხი

gravata

ელვა-შესაკრავის შეკვრა

fecho de correr

ჩაფხუტი

capacete

აჭიმი

suspensórios

სკოლის ფორმა

uniforme escolar

ფორმა

uniforme

ბავშვის წინსაფარი

babete

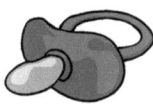

საწოვარა

chupeta

პამპერსი

fralda

ოფისი

escritório

სერვერი
servidor
საკანცელარიო კარადა
armário de arquivo
ქაღალდი
papel
პრინტერი
impressora
მონიტორი
ecrã
მაგიდა
secretária
თაგვი
rato
საქაღალდე
pasta
კლავიატურა
teclado
ათა ნარჩენი ქაღალდებისათვის
de lixo
სკამი
cadeira
კომპიუტერი
computador

ყავის ფინჯანი

caneca de café

კალკულატორი

calculadora

ინტერნეტი

internet

ლეპტოპი

computador portátil

წერილი

carta

მესიჯი

mensagem

მობილური ტელეფონი

telemóvel

ქსელი

rede

სკანერი

fotocopiadora

პროგრამული უზრუნველყოფა
software

ტელეფონი

telefone

როზეტი

tomada elétrica

ფაქსის მანქანა

fax

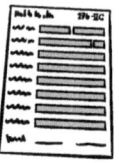

ფორმულარი

formulário

დოკუმენტი

documento

ყიდვა

comprar

გადახდა

pagar

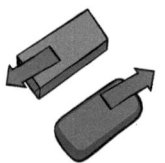

ვაჭრობა

negociar

ფული

dinheiro

დოლარი

dólar

ევრო

euro

იენი

yen

რუბლი

rublo

შვეიცარული ფრანკი

franco suíço

ჟენმინბი იუანი

renminbi yuan

რუპი

rupia

ბანკომატი

caixa de multibanco

ვალუტის გადაცვლის "პუნქტი"
casa de câmbio

ოქრო
ouro

ვერცხლი
prata

ნავთობი
petróleo

ენერგია
energia

ფასი
preço

ხელშეკრულება
contrato

გადასახადი
imposto

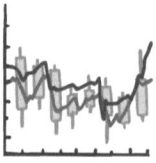

აქცია
ação

მუშაობა
trabalhar

თანამშრომელი
empregado

დამსაქმებელი
entidade patronal

ქარხანა
fábrica

მაღაზია
loja

პროფესიები
profissões

მეხანძრე
bombeiro
პოლიციის ოფიცერი
agente da polícia
მზარეული
cozinheiro
ექიმი
médico
მფრინავი
piloto

მებაღე
jardineiro

დურგალი
carpinteiro

თეთრეულის მკერავი
ქალბატონი
costureira

მოსამართლე
juiz

ქიმიკოსი
químico

მსახიობი
ator

ავტობუსის მძღოლი

motorista de autocarro

ტაქსის მძღოლი

motorista de táxi

მეთევზე

pescador

დამლაგებელი ქალბატონი

empregada de limpeza

სახურავის ოსტატი

telhador

მიმტანი

empregado de mesa

მონადირე

caçador

ფერმწერი

pintor

მცხობელი

padeiro

ელექტრიკოსი

eletricista

მშენებელი

construtor

ინჟინერი

engenheiro

ყასაბი

talhante

სანტექნიკოსი

canalizador

ფოსტალიონი

carteiro

ჯარისკაცი
soldado

არქიტექტორი
arquiteto

მოლარე
caixa

ფლორისტი
florista

პარიკმახერი
cabeleireiro

კონდუქტორი
controlador de bilhetes

მექანიკოსი
mecânico

კაპიტანი
capitão

სტომატოლოგი
dentista

მეცნიერი
cientista

რაბინი
rabino

იმამი
imã

ბერი
monge

სასულიერო პირი
pastor

იარაღები
ferramentas

ჩაქუჩი
martelo
ბრტყელტუჩა
alicate
სახრახნისი
chave de fendas
ქანჩის გასაღები
chave inglesa
ჯიბის სანათი
lanterna

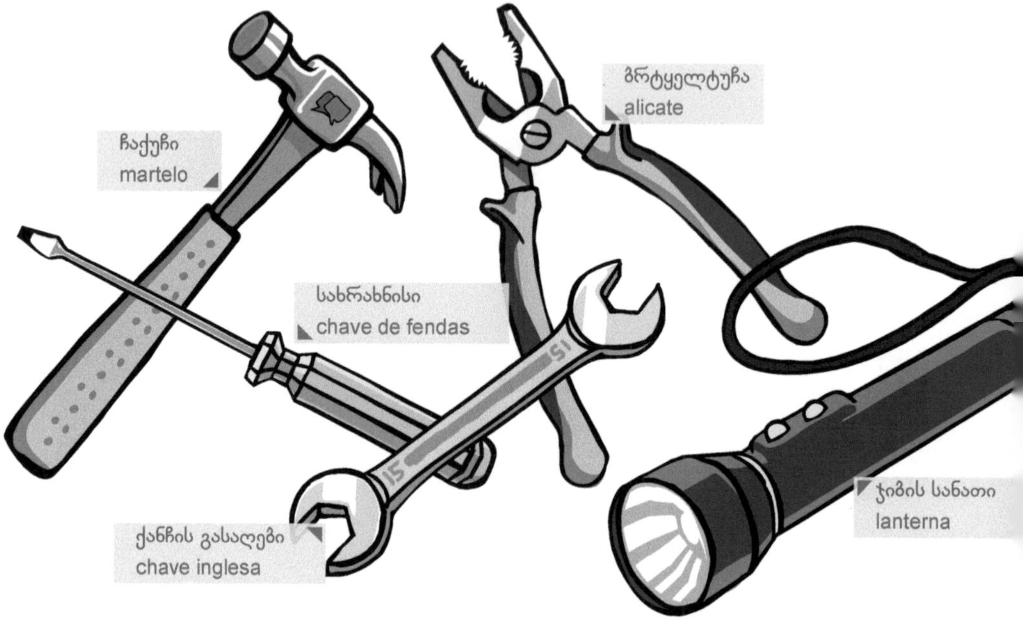

ექსკავატორი

escavadora

იარაღების ყუთი

caixa de ferramentas

კიბე

escadote

ხერხი

serra

ლურსმები

pregos

საბურღი

broca

შეკეთება
reparar

ნიჩაბი
pá

ანდაბა!
porcaria!

აქანდაზი
pá de lixo

საღებავის ქოთანი
pote de tinta

ხრახნები
parafusos

მუსიკალური ინსტრუმენტები
instrumentos musicais

დასარტყამი ინსტრუმენტების კრებული
bateria

რეპროდუქტორი
altifalante

გიტარა
guitarra

კონტრაბასი
contrabaixo

საყვირი
trompete

ფორტეპიანო
piano

ვიოლინო
violino

ბასი
baixo

ტიმპანონი
timbales

დასარტყამები
tambor

კლავიშები
teclado

საქსოფონი
saxofone

ფლეიტა
flauta

მიკროფონი
microfone

jardim zoológico

შესასვლელი
entrada

ვეფხვი
tigre

გალია
gaiola

ზებრა
zebra

ცხოველთა საკვები
ração animal

პანდა
panda

ცხოველები
....
animais

სპილო
....
elefante

კენგურუ
....
canguru

მარტორქა
....
rinoceronte

გორილა
....
gorila

დათვი
....
urso

აქლემი
camelo

სირაქლემა
avestruz

ლომი
leão

მაიმუნი
macaco

ფლამინგო
flamingo

თუთიყუში
papagaio

პოლარული დათვი
urso polar

პინგვინი
pinguim

ზვიგენი
tubarão

ფარშევანგი
pavão

გველი
cobra

ნიანგი
crocodilo

ზოოპარკის მფლობელი
guarda do jardim zoológico

სელაპი
foca

იაგუარი
jaguar

პონი

pónei

ლეოპარდი

leopardo

ბეჰემოტი

hipopótamo

ჟირაფი

girafa

არწივი

águia

ტახი

javali

თევზი

peixe

კუ

tartaruga

მორჟი

morsa

მელა

raposa

გაზელი

gazela

სპორტი
desporto

ამერიკული ფეხბურთი
futebol americano
ველოსპორტი
ciclismo
ჩოგბურთი
ténis
კალათბურთი
basquetebol
ცურვა
natação
კრივი
boxe
ყინულის ჰოკეი
hóquei no gelo

ფეხბურთი

futebol

ბადმინტონი

badminton

მძლეოსნობა

atletismo

ხელბურთი

andebol

სათხილამურო სპორტი

esqui

წყლის პოლო

polo

მოქმედებები
atividades

გადახტომა
saltar
ჩახუტება
abraçar
დაცინვა
rir
სეირნობა
andar
სიმღერა
cantar
ოცნებობა
sonhar
ლოცვა
rezar
კოცნა
beijar

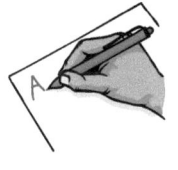

წერა
....
escrever

დასატყვა
....
desenhar

ჩვეხება
....
mostrar

დაჭერა
....
empurrar

მიცემა
....
dar

აღება
....
tomar

ქონა

ter

კეთება

fazer

ყოფნა

ser

დგომა

ficar de pé

გარბენა

correr

მოქაჩვა

puxar

გადაყრა

remessar

დაცემა

cair

ტყუილის თქმა

deitar

მოცდენა

esperar

ტარება

carregar

ჯდომა

sentar

ჩაცმა

vestir

ძილი

dormir

გაღვიძება

acordar

დათვალიერება
olhar para

ტირილი
chorar

გაუთოება
acariciar

დავარცხნა
pentear

ლაპარაკი
falar

გაგება
compreender

შეკითხვა
perguntar

მოსმენა
ouvir

დალევა
beber

ჭამა
comer

დალაგება
arrumar

ყვარება
amar

კერძების მზადება
cozinhar

სვლა
conduzir

ფრენა
voar

აფრის ქვეშ სიარული
velejar

გამოთვლა
calcular

წაკითხვა
ler

შესწავლა
aprender

მუშაობა
trabalhar

ქორწინება
casar

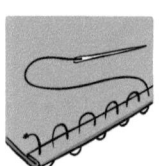

კერვა
costurar

კბილების ხეხვა
escovar os dentes

მოკვლა
matar

მოწევა
fumar

გაგზავნა
enviar

მოქმედებები - atividades

ბებია
avó
ბაბუა
avô
მამა
pai
დედა
mãe
ბავშვი
bebé
ქალიშვილი
filha
ვაჟიშვილი
filho

სტუმარი
convidado

დეიდა
tia

ბიძა
tio

ძმა
irmão

და
irmã

სხეული

corpo

testa
თვალი
olho
მხარი
ombro
თითი
dedo
სახე
cara
ნიკაპი
queixo
ხელი
mão
მკერდი
peito
ფეხი
perna
მკლავი
braço

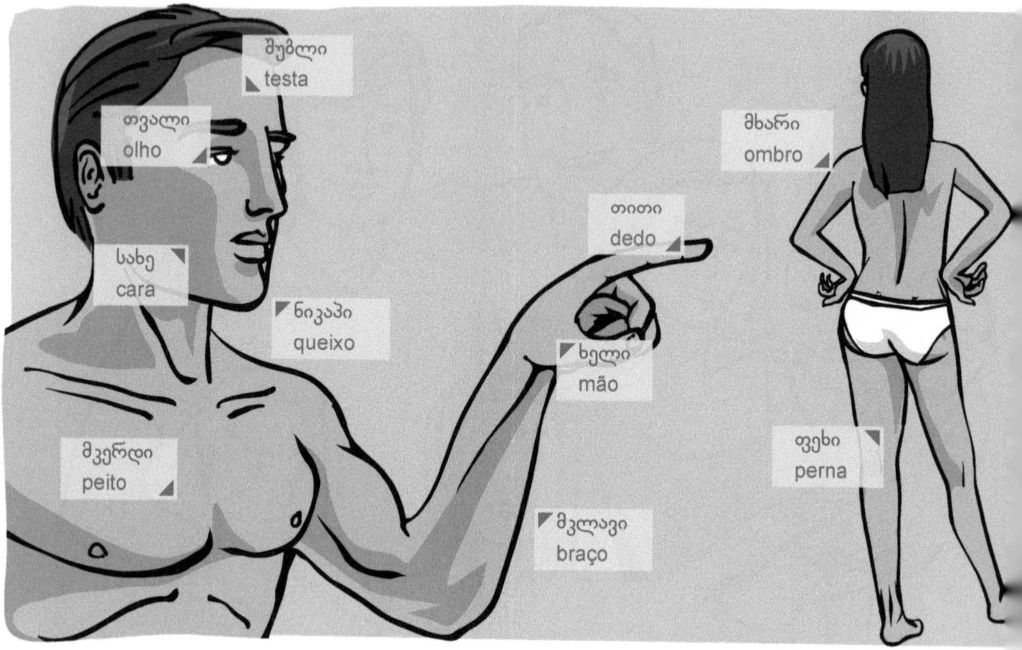

გავშვი
bebé

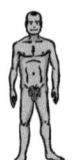

კაცი
homem

ქალი
mulher

გოგო
menina

ბიჭი
menino

თავი
cabeça

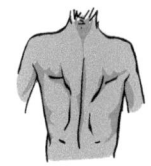

ზურგი

costas

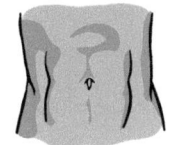

მუცელი

barriga

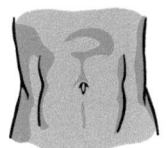

ჭიპი

umbigo

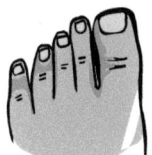

ფეხის თითი

dedo do pé

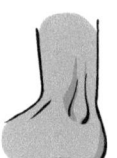

ქუსლი

calcanhar

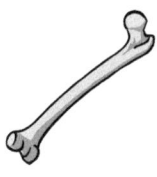

ძვალი

osso

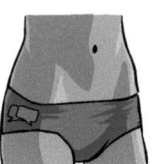

ბარძაყი

anca

მუხლი

joelho

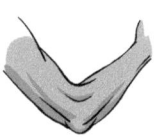

იდაყვი

cotovelo

ცხვირი

nariz

დუნდულა

nádegas

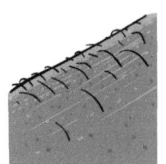

კანი

pele

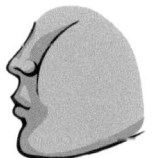

ლოყა

bochecha

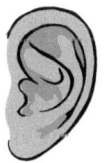

ყური

orelha

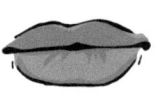

ტუჩი

lábio

პირი

boca

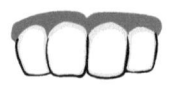

კბილი

dente

ენა

língua

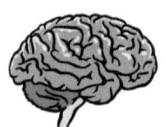

ტვინი

cérebro

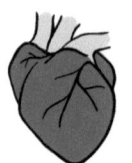

გული

coração

კუნთი

músculo

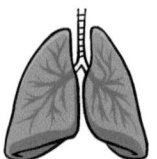

ფილტვი

pulmão

ღვიძლი

fígado

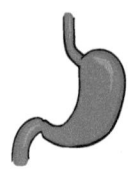

კუჭი

estômago

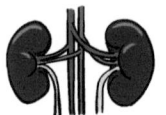

თირკმელები

rins

სექსი

relações sexuais

პრეზერვატივი

preservativo

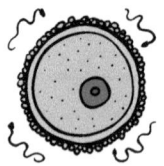

კვერცხუჯრედი

óvulo

სპერმა

esperma

ორსულობა

gravidez

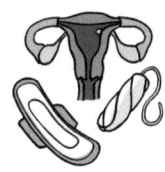

მენსტრუაცია

menstruação

საშო

vagina

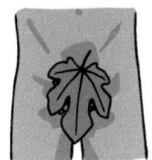

პენისი

pénis

წარბი

sobrancelha

თმა

cabelo

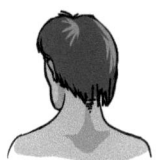

კისერი

pescoço

საავადმყოფო
hospital

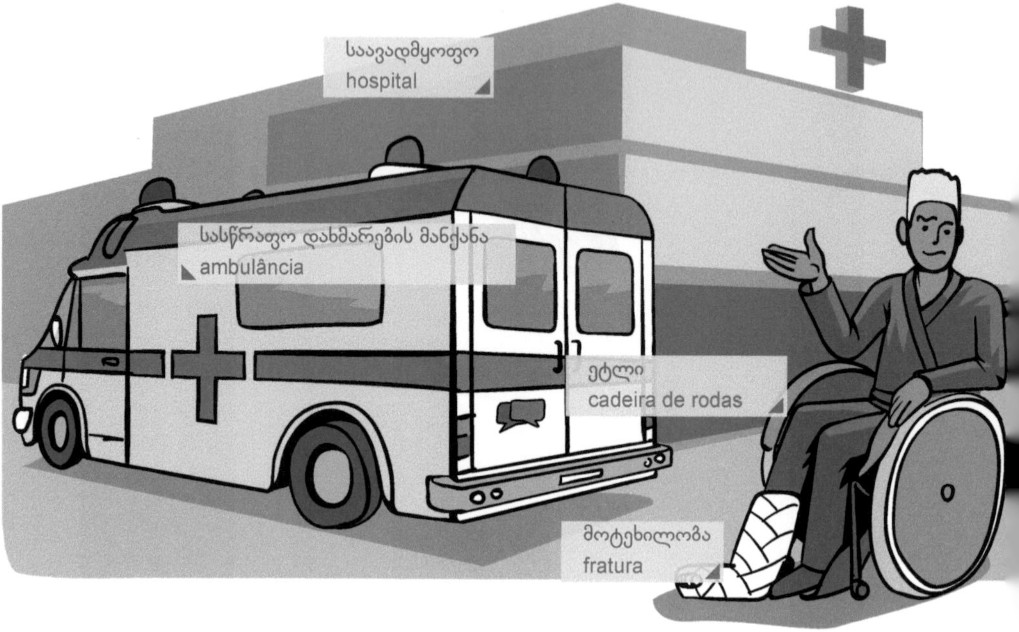

სასწრაფო დახმარების მანქანა
ambulância
ეტლი
cadeira de rodas
მოტეხილობა
fratura

ექიმი

médico

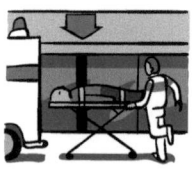

პირველი დახმარების ოთახი

serviço de urgências

მედდა

enfermeira

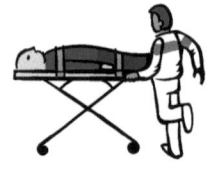

გადაუდებელი შემთხვევა

emergência

უგონოდ მყოფი

inconsciente

ტკივილი

dor

დაზიანება

ferimento

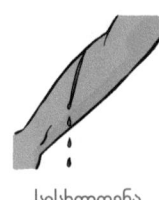

სისხლდენა

hemorragia

გულის შეტევა

ataque cardíaco

ინსულტი

cidente vascular cerebral

ალერგია

alergia

ხველა

tosse

ცხელება

febre

გრიპი

gripe

დიარეა

diarreia

თავის ტკივილი

dor de cabeça

კიბო

cancro

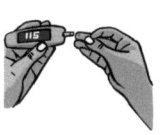

დიაბეტი

diabetes

ქირურგი

cirurgião

სკალპელი

bisturi

ოპერაცია

operação

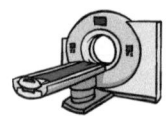

კტ

CT

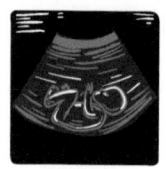

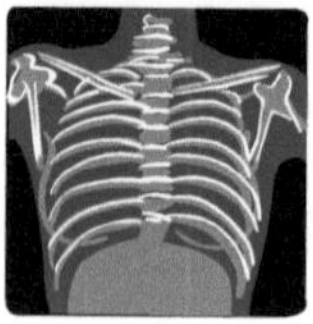

რენტგენი

raio x

ულტრაბგერა

ultrassom

ნიღაბი

máscara

დაავადება

doença

მოსაცდელი ოთახი

sala de espera

ყავარჯენი

muleta

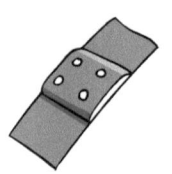

თაბაშირი

penso rápido

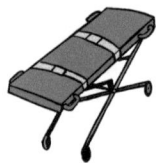

ბინტი

ligadura

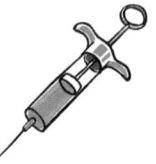

ინექცია

injeção

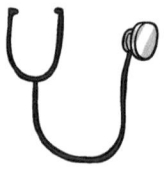

სტეტოსკოპი

estetoscópio

საკაცე

maca

თერმომეტრი

termómetro

დაბადება

nascimento

ჭარბი წონა

excesso de peso

სმენის აპარატი

aparelho auditivo

სადეზინფექციო საშუალება

desinfetante

ინფექცია

infeção

ვირუსი

vírus

აივ / შიდსი

HIV / SIDA

წამალი

medicamento

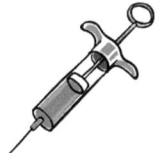

ვაქცინაცია

vacinação

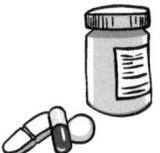

ტაბლეტები

comprimidos

აბი

pílula

დაუდებელი გამოძახება

hamada de emergência

წნევის საზომი აპარატი

dispositivo de medição de pressão arterial

ავადმყოფი / ჯანმრთელი

doente / saudável

გადაუდებელი შემთხვევა
emergência

დამეხმარეთ!

Socorro!

განგაში

alarme

თავდასხმა

assalto

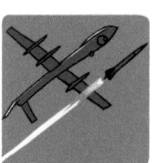

შეტევა

ataque

საფრთხე

perigo

სათადარიგო გასასვლელი

saída de emergência

ხანძარი!

Fogo!

ცეცხლსაქრობი

extintor de incêndios

უბედური შემთხვევა

acidente

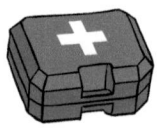

პირველადი დახმარების აფთიაქი

estojo de primeiros socorros

SOS

SOS

პოლიცია

polícia

ევროპა
....
Europa

ჩრდილოეთ ამერიკა
....
América do Norte

სამხრეთ ამერიკა
....
América do Sul

აფრიკა
....
África

აზია
....
Ásia

ავსტრალია
....
Austrália

ატლანტიკა
....
Atlântico

წყნარი ოკეანე
....
Pacífico

ინდოეთის ოკეანე
....
Oceano Índico

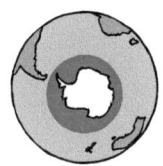

ანტარქტიკის ოკეანე
....
Oceano Antártico

ჩრდილოეთის ყინულოვანი
ოკეანე
Oceano Ártico

ჩრდილოეთ პოლუსი
....
Polo Norte

სამხრეთ პოლუსი

Polo Sul

ანტარქტიდა

Antártica

დედამიწა

terra

ხმელეთი

país

ზღვა

mar

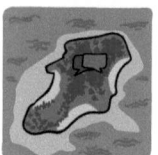

კუნძული

ilha

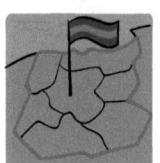

ერი

nação

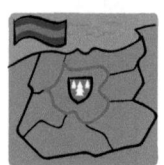

სახელმწიფო

estado

საათი

relógio

ციფერბლატი

mostrador do relógio

საათების ისარი

ponteiro das horas

წუთების ისარი

ponteiro dos minutos

წამების ისარი

ponteiro dos segundos

რომელი საათია?

Que horas são?

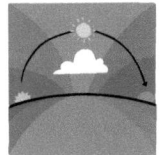

დღე

dia

დრო

tempo

ახლა

agora

ციფრული საათი

relógio digital

წუთი

minuto

საათი

hora

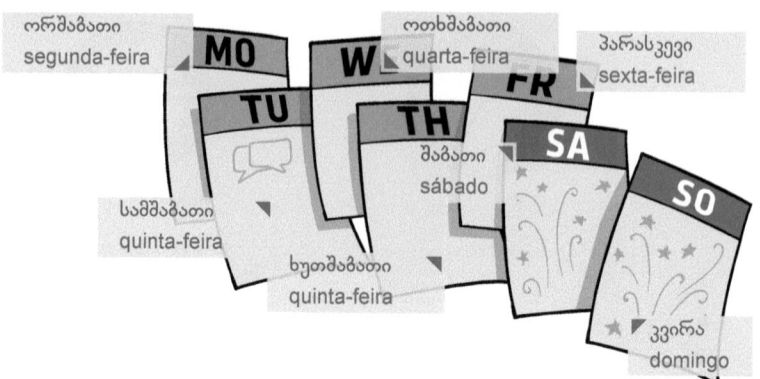

ორშაბათი — segunda-feira
ოთხშაბათი — quarta-feira
პარასკევი — sexta-feira
შაბათი — sábado
სამშაბათი — quinta-feira
ხუთშაბათი — quinta-feira
კვირა — domingo

გუშინ
ontem

დღეს
hoje

ხვალ
amanhã

დილა
manhã

შუადღე
meio-dia

საღამო
entardecer

MO	TU	WE	TH	FR	SA	SU
1	2	3	4	5	6	7
8	9	10	11	12	13	14
15	16	17	18	19	20	21
22	23	24	25	26	27	28
29	30	31	1	2	3	4

სამუშაო დღეები
dias úteis

MO	TU	WE	TH	FR	SA	SU
1	2	3	4	5	6	7
8	9	10	11	12	13	14
15	16	17	18	19	20	21
22	23	24	25	26	27	28
29	30	31	1	2	3	4

შაბათი-კვირა
fim de semana

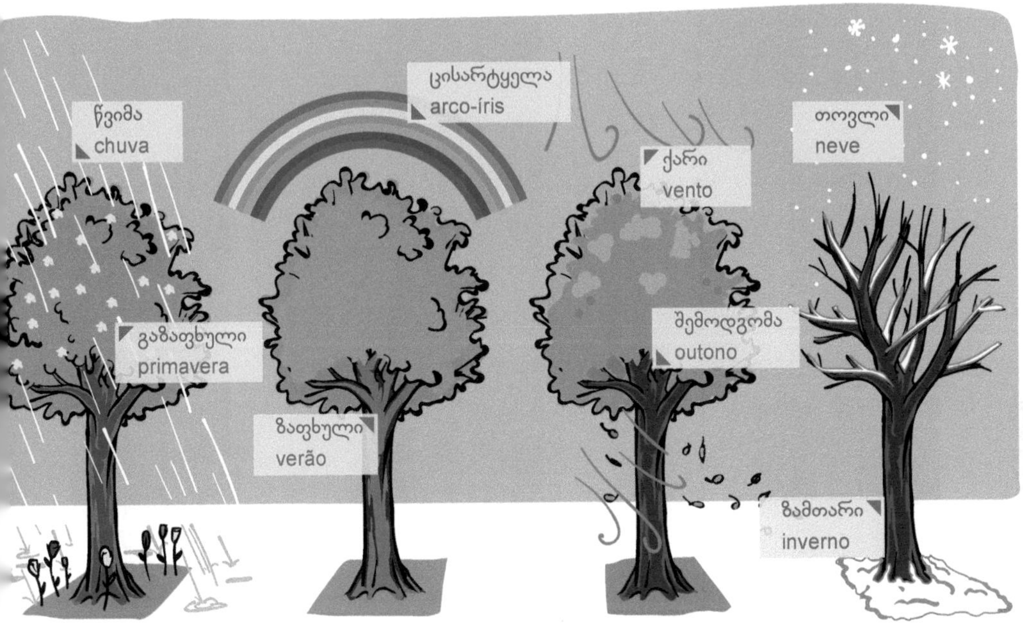

წვიმა
chuva
ცისარტყელა
arco-íris
თოვლი
neve
ქარი
vento
გაზაფხული
primavera
შემოდგომა
outono
ზაფხული
verão
ზამთარი
inverno

ამინდის პროგნოზი

....

previsão do tempo

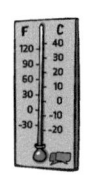

თერმომეტრი

....

termómetro

მზის სხივი

....

raios de sol

ღრუბელი

....

nuvem

ნისლი

....

neblina / nevoeiro

ტენიანობა

....

humidade do ar

ელვა
relâmpago

ქუხილი
trovão

შტორმი
tempestade

სეტყვა
granizo

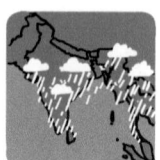

მუსონი
monção

წყალდიდობა
inundação

ყინული
gelo

იანვარი
janeiro

თებერვალი
fevereiro

მარტი
março

აპრილი
abril

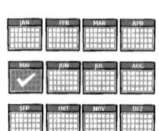

მაისი
maio

ივნისი
junho

ივლისი
julho

აგვისტო
agosto

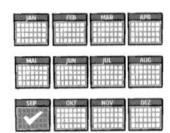

სექტემბერი

setembro

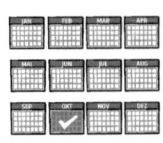

ოქტომბერი

outubro

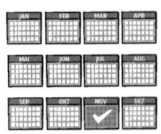

ნოემბერი

novembro

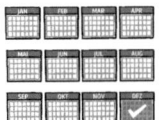

დეკემბერი

dezembro

ფორმები

formas

წრე

círculo

კვადრატი

quadrado

მართკუთხედი

retângulo

სამკუთხედი

triângulo

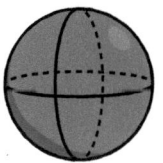

სფერო

esfera

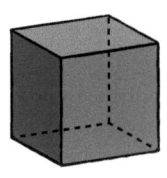

კუბი

cubo

ფერები

cores

თეთრი

branco

ყვითელი

amarelo

ნარინჯისფერი

laranja

ვარდისფერი

rosa

წითელი

vermelho

იისფერი

lilás

ცისფერი

azul

მწვანე

verde

ყავისფერი

castanho

ნაცრისფერი

cinzento

შავი

preto

ბევრი / ცოტა

muito / pouco

გაბრაზებული / მშვიდი

furioso / calmo

ლამაზი / მახინჯი

lindo / feio

დასაწყისი / დასასრული

princípio / fim

დიდი / პატარა

grande / pequeno

ნათელი / მუქი

claro / escuro

ძმა / და

irmão / irmã

სუფთა / ჭუჭყიანი

limpo / sujo

სრული / არასრული

completo / incompleto

დღე / ღამე

dia / noite

მკვდარი / ცოცხალი

morto / vivo

განიერი / ვიწრო

largo / estreito

საჭმელად ვარგისი /
საჭმელად უვარგისი

comestível / não comestível

ბოროტი / კეთილი

mau / gentil

შთამბეჭდავი / მოსაწყენი

entusiasmado / entediado

სქელი / თხელი

gordo / magro

პირველი / ბოლო

primeiro / último

მეგობარი / მტერი

amigo / inimigo

სრული / ცარიელი

cheio / vazio

მყარი / რბილი

duro / macio

მძიმე / მსუბუქი

pesado / leve

მოშიებული / მწყურვალე

fome / sede

ავადმყოფი / ჯანმრთელი

doente / saudável

არალეგალური /
ლეგალური

ilegal / legal

ინტელექტუალი / სულელი

inteligente / burro

მარცხენა / მარჯვენა

esquerda / direita

ახლოს / შორს

perto / longe

ახალი / გამოყენებული

novo / usado

არაფერი / რაღაცა

nada / algo

მოხუცი / ახალგაზრდა

velho / jovem

ჩართვა / გამორთვა

ligado / desligado

ღია / დახურული

aberto / fechado

ჩუმი / ხმამაღალი

baixo / alto

მდიდარი / ღარიბი

rico / pobre

მართალი / მტყვანი

certo / errado

უხეში / გლუვი

áspero / liso

სევდიანი / ბედნიერი

triste / feliz

მოკლე / გრძელი

curto / longo

ნელი / სწრაფი

lento / rápido

სველი / მშრალი

molhado / seco

თბილი / გრილი

ameno / fresco

ომი / მშვიდობა

guerra / paz

რიცხვები
números

0	1	2
ნული	ერთი	ორი
zero	um	dois
3	4	5
სამი	ოთხი	ხუთი
três	quatro	cinco
6	7	8
ექვსი	შვიდი	რვა
seis	sete	oito
9	10	11
ცხრა	ათი	თერთმეტი
nove	dez	onze

12
თორმეტი
doze

13
ცამეტი
treze

14
თოთხმეტი
catorze

15
თხუთმეტი
quinze

16
თექვსმეტი
dezasseis

17
ჩვიდმეტი
dezassete

18
თვრამეტი
dezoito

19
ცხრამეტი
dezanove

20
ოცი
vinte

100
ასი
cem

1.000
ათასი
mil

1.000.000
მილიონი
milhão

ენები

idiomas

ინგლისური

inglês

ამერიკული ინგლისური

inglês americano

ჩინური მანდარინი

chinês mandarim

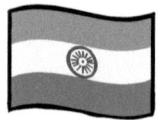

ჰინდი

hindi

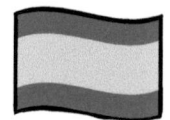

ესპანური

espanhol

ფრანგული

francês

არაბული

árabe

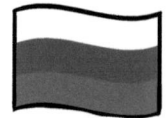

რუსული

russo

პორტუგალიური

português

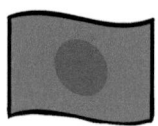

ბენგალური

bengalês

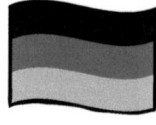

გერმანული

alemão

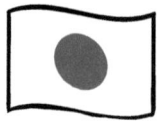

იაპონური

japonês

ვინ / რა / როგორ

quem / o quê / como

მე

eu

შენ

tu

ის / ის / იგი

ele / ela

ჩვენ

nós

თქვენ

vós

ისინი

eles / elas

ვინ?

quem?

რა?

o quê?

როგორ?

como?

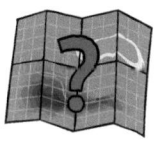

სად?

onde?

როდის?

quando?

სახელი

nome

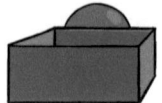

სად

onde

უკან

atrás

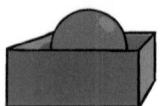

შიგნით

em

წინ

à frente de

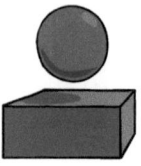

ზედ

sobre

=-ზე

em cima

ქვეშ

debaixo

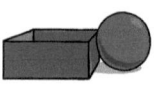

გვერდით

ao lado

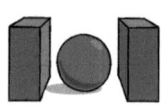

შორის

entre

ადგილი

lugar